10 mai 1912.

Succession de Mme D...

(DEUXIÈME VENTE)

OBJETS D'ART

ET

D'AMEUBLEMENT

STATUETTES EN FAIENCE DE NEVERS

TERRE CUITE — BOIS SCULPTÉ

Meubles anciens et de style

Succession de Mme D...

(DEUXIÈME VENTE)

OBJETS D'ART

ET D'AMEUBLEMENT

STATUETTES EN FAIENCE DE NEVERS

Terre cuite — Bois sculpté

MEUBLES ANCIENS & DE STYLE

CONDITIONS DE LA VENTE

Elle sera faite au comptant.

Les acquéreurs paieront *dix pour cent* en sus des enchères.

L'exposition mettant le public à même de se rendre compte de l'état et de la nature des objets, il ne sera admis aucune réclamation une fois l'adjudication prononcée.

Paris. — Imp. Georges Petit, 12, rue Godot-de-Mauroi. — 22276-12.

CATALOGUE

DES

OBJETS D'ART

ET D'AMEUBLEMENT

STATUETTES EN ANCIENNE FAIENCE DE NEVERS

Terre cuite — Bois sculpté

FAIENCES — PORCELAINES — BRONZES

TABLEAUX ET GRAVURES

MEUBLES ANCIENS & DE STYLE

Commodes, Coiffeuses, Petits Meubles

MEUBLES D'ENTREDEUX — VITRINES — BUREAUX DE DAME

Piano à queue d'Érard

MEUBLE DE SALON EN BOIS DORÉ ET TAPISSERIE D'AUBUSSON

Chambre à coucher en palissandre garni de bronzes

ARMOIRE NORMANDE — GRANDE TOILETTE ONYX

LUSTRE EN BRONZE DE J. FROMENT-MEURICE

TAPIS — RIDEAUX

DONT LA VENTE, APRÈS DÉCÈS DE Mme D..., AURA LIEU A PARIS

HOTEL DROUOT, Salle N° 2

Les Vendredi 10 et Samedi 11 Mai 1912, à 2 h. 1/2

COMMISSAIRES-PRISEURS

Me JULES BRODU
15, rue Bleue, 15

Me ANDRÉ DESVOUGES
26, rue Grange-Batelière, 26

EXPERTS

Pour les Faïences :
M. ÉDOUARD PAPE
174, faubourg St-Honoré, 174

Pour les Meubles et Objets d'art :
MM. PAULME & B. LASQUIN FILS
10, rue Chauchat — 11, rue Grange-Batelière, 11

EXPOSITION PUBLIQUE

Le Jeudi 9 Mai 1912, de 2 heures à 6 heures.

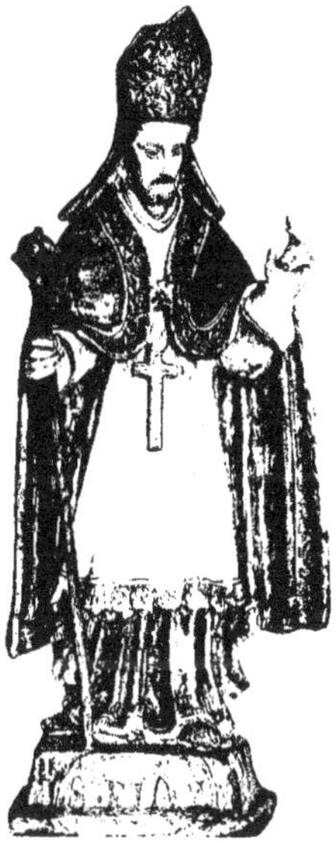

1

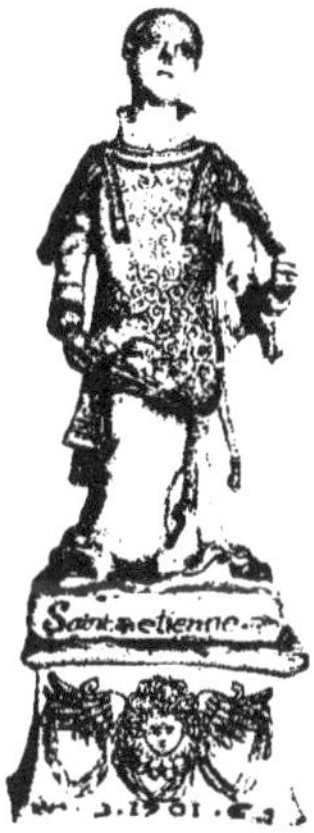

2

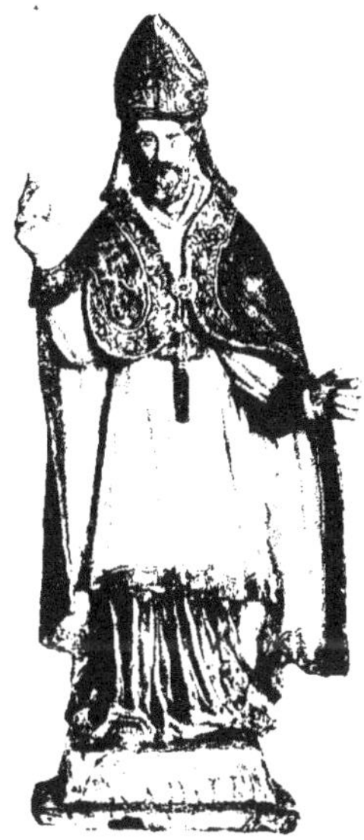

3

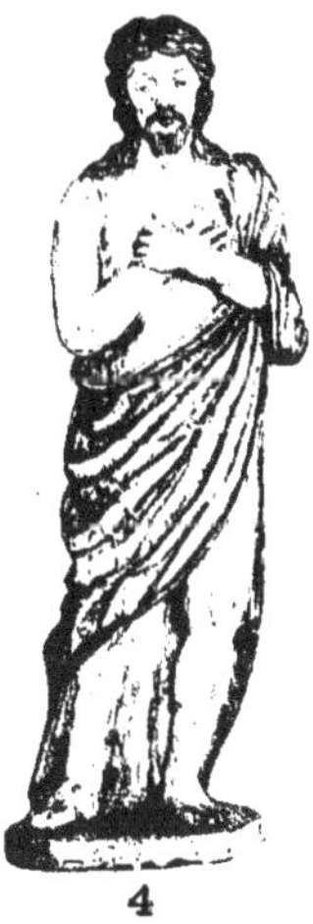

4

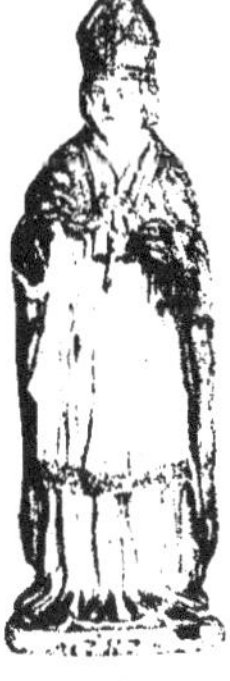

5

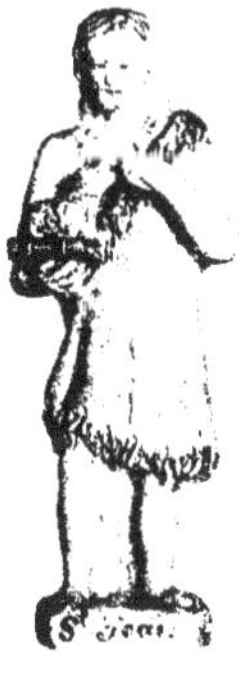

6

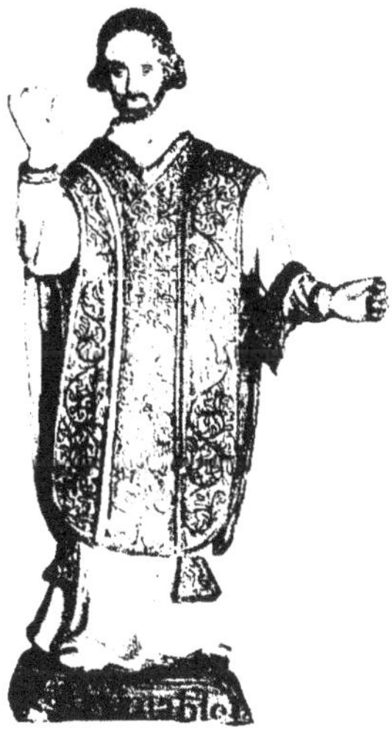

7

Objets d'Art et d'Ameublement

STATUETTES

EN ANCIENNE FAIENCE DE NEVERS

Terre cuite, Bois sculpté

FAIENCES VARIÉES, PORCELAINES

1 — Saint Éloi, évêque. Ancienne faïence de Nevers.

Haut., 65 cent.

2 — Saint Étienne, martyr, sur socle, portant la date : *1701*. Même faïence.

Hauteur totale, 50 cent.

3 — Saint Babyle, évêque. Même faïence.

Haut., 65 cent.

4 — Le Christ. Même faïence.

Haut., 53 cent.

5 — Évêque, avec la date : *1787*. Même faïence.

Haut., 43 cent.

6 — Saint Jean-Baptiste. Même faïence.

Haut., 40 cent.

7 — Saint Amable. Même faïence.

Haut., 60 cent.

8 — Saint Estienne. Même faïence.

Haut., 53 cent.

9 — Évêque portant la mitre, les gants et revêtu d'un grand manteau bleu à bordure jaune.

Haut., 75 cent.

10 — Saint Nicolas, en costume d'évêque. A l'intérieur, se trouve l'inscription : *Jean Martin, 1748*. Même faïence.

Haut., 52 cent.

11 — Virgo purissima. Même faïence.

Haut., 60 cent.

12 — Sainte Vierge portant l'Enfant Jésus. Même faïence.

Haut., 44 cent.

13 — Sainte Vierge. Même faïence.

Haut., 45 cent.

14 — Sainte Vierge. Même faïence.

Haut., 50 cent.

15 — Sainte Anne. Même faïence.

Haut., 31 cent.

16 — Sainte Vierge. Même faïence.

Haut., 32 cent.

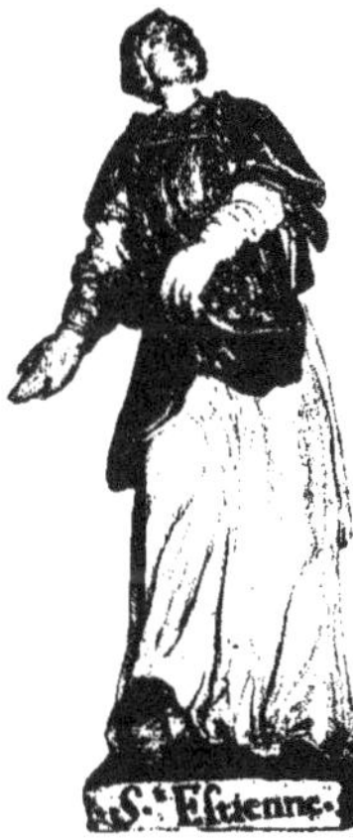

8

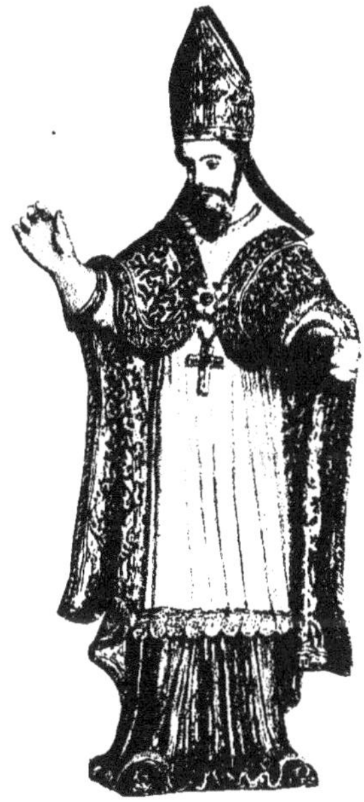

9

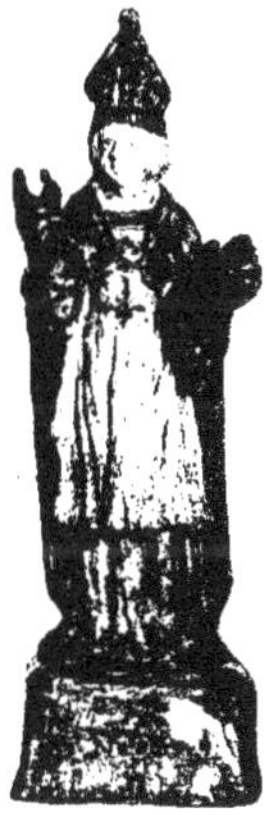

10

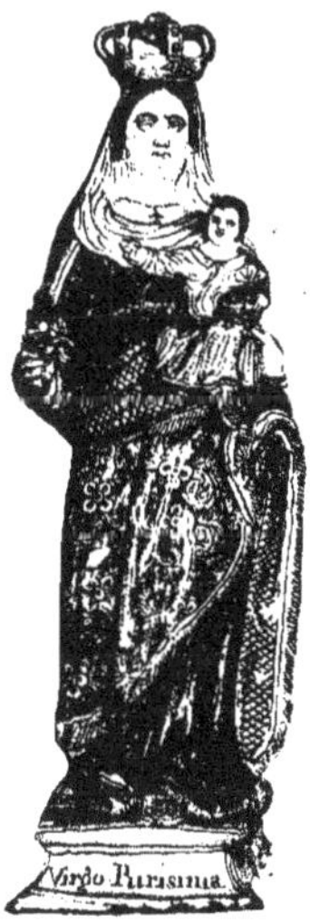

11

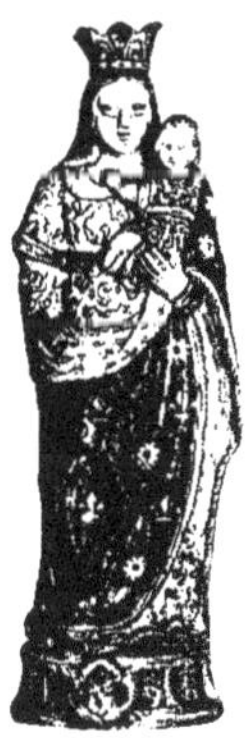

12

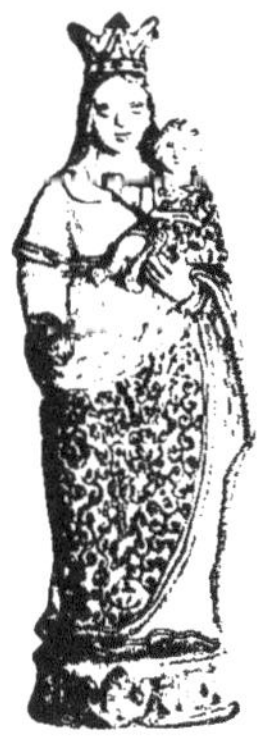

13

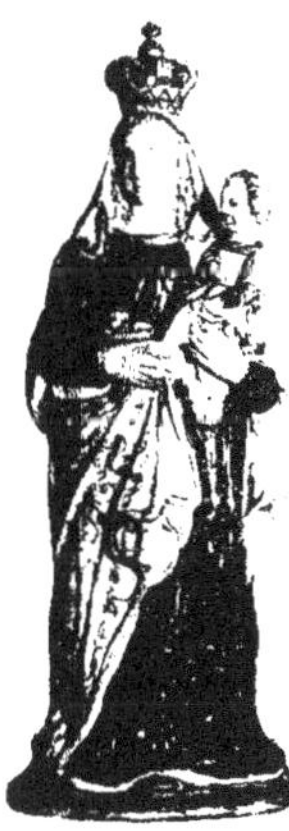

14

17 — Saint Pierre. Même faïence.

Haut., 37 cent.

18 — Pieta. Même faïence.

Haut., 22 cent.

19 — Saint Boniface. Même faïence.

Haut., 35 cent.

20 — Sainte Barbe. Même faïence.

Haut., 28 cent.

21 — Évêque mitré. Même faïence.

Haut., 37 cent.

22 — Sainte Anne et la sainte Vierge. Même faïence.

Haut., 26 cent.

23 — Sainte Vierge. Même faïence.

Haut., 40 cent.

24 — Eric. Même faïence.

Haut., 28 cent.

25 — Sainte Agathe, martyre ; elle tient à la main le sein que les bourreaux viennent de lui arracher. Même faïence.

Haut., 52 cent.

26 — Saint Denis, martyr, portant sa tête. Même faïence.

Haut., 35 cent.

27 — SAINT ANTOINE, avec l'inscription et la date : *1789*. Même faïence.

Haut., 40 cent.

28 — SAINT PIERRE, avec l'inscription : *Saint Pierre daniau, 1735*. Même faïence.

Haut., 42 cent.

29 — SAINTE VIERGE espagnole.

Haut., 39 cent.

30 — UNE SAINTE.

Haut., 35 cent.

31 — GRANDE SAINTE VIERGE tenant l'Enfant Jésus. Terre cuite peinte.

Haut., 1 mètre.

32 — SAINTE VIERGE assise, tenant l'Enfant Jésus. Bois sculpté.

Hauteur totale, 75 cent.

33 — MOINE. Bois sculpté.

Haut., 34 cent.

34 — SAINT ROCH. Bois sculpté.

Haut., 34 cent.

35 — Sous ce numéro : Faïences variées.

36 — Sous ce numéro : Statuettes et menus objets en porcelaine.

37 — GRAND VASE en porcelaine du Japon.

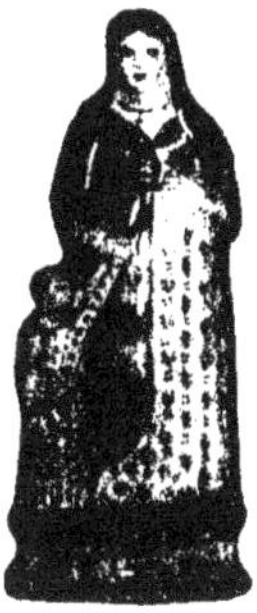

15

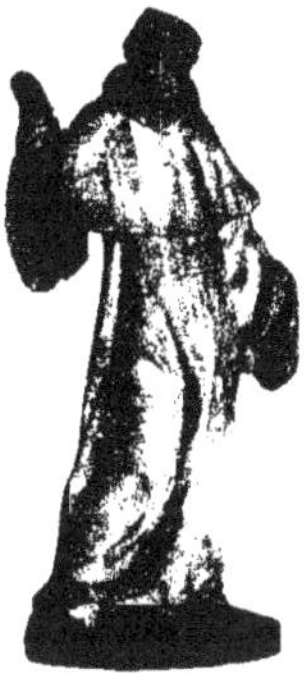

33

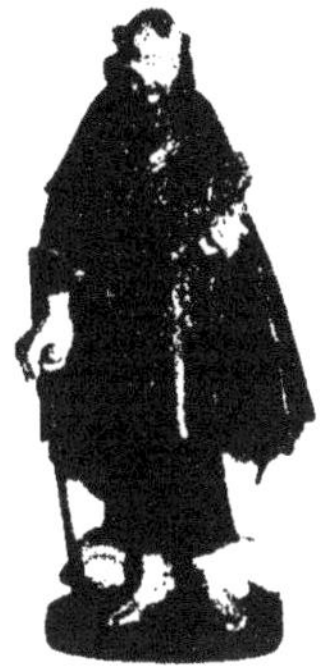

34

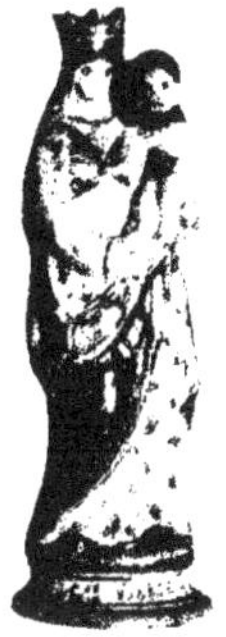

16

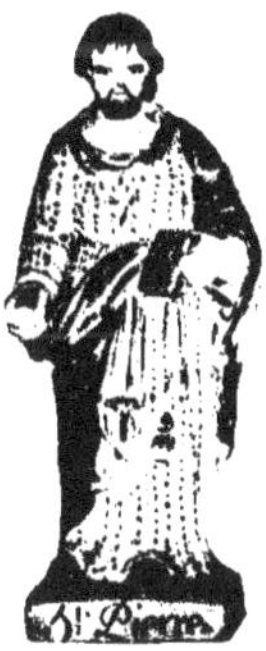

17

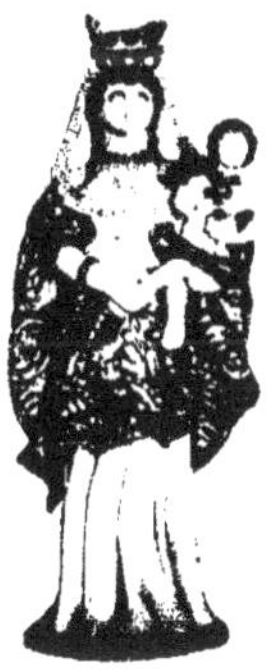

29

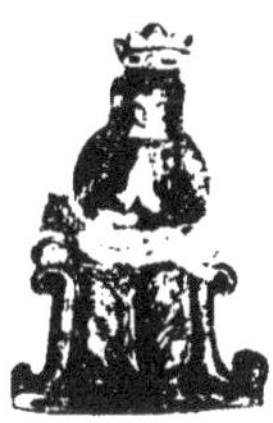

18

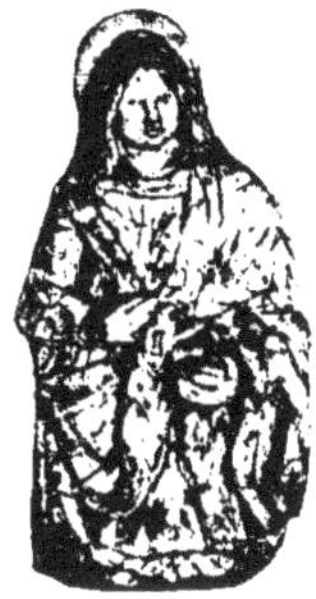

30

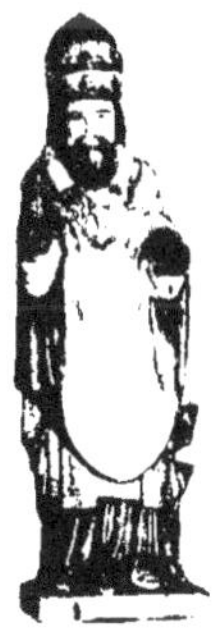

19

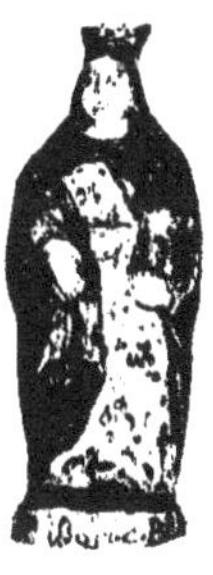

20

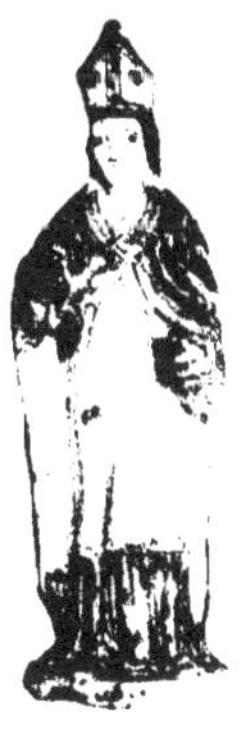

21

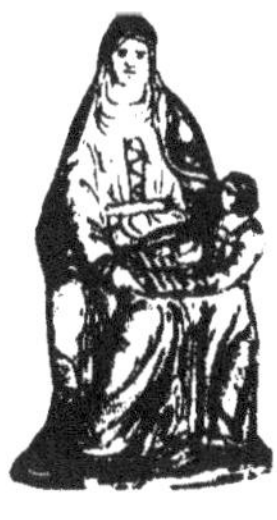

22

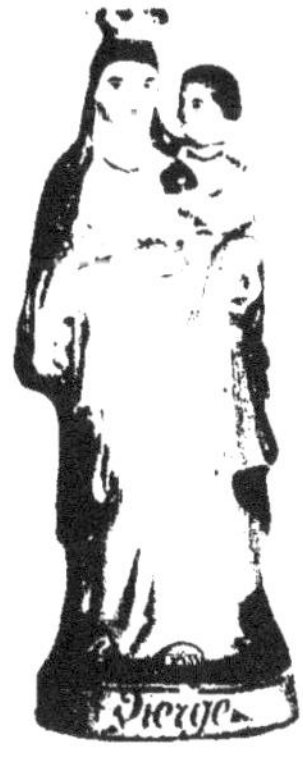

23

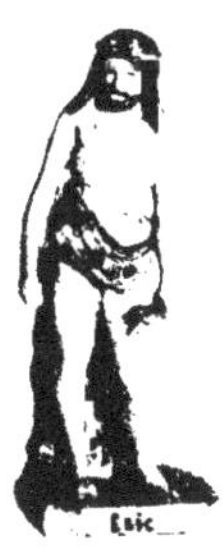

24

TABLEAUX, GRAVURES

BRONZES, OBJETS VARIÉS

38 — Sous ce numéro : Tableaux et gravures. (Seront divisés.)

39 — Buste de Diane en bronze, d'après Houdon.

40 — Deux sujets bronze : les Chevaux de Marly.

41 — Buste marbre : Jeune Turque.

42 — Glace dans un cadre rectangulaire à fronton en bois sculpté doré. Époque Louis XIV.

43 — Trumeau de style Louis XVI, orné d'un portrait de femme.

44 — Petite glace, cadre bois sculpté.

45 — Petite glace psyché. Empire.

46 — Sèche-cigares en marqueterie de cuivre.

47 — Jardinière, bronze et cristal.

48 — Important surtout de table Christofle, comprenant une pièce de milieu à quatre vasques, surmontée d'un groupe d'amours et deux coupes bouts de table.

49 — Objets divers.

MEUBLES

50 — COMMODE, de forme mouvementée, à cinq tiroirs, en bois de placage, ornée de bronzes. Dessus de marbre. Époque Régence.

51 — COMMODE à deux tiroirs, sur quatre pieds élevés, la face à ressaut, en marqueterie de bois de couleur, à trophées d'attributs et vases. Dessus de marbre. Époque Louis XVI. (*Restaurations.*)

52 — GUÉRIDON à quatre pieds cannelés en acajou, galerie de cuivre. Dessus de marbre. Époque Louis XVI.

53 — COMMODE, en bois de placage et marqueterie, garnie de bronzes.

54 — MEUBLE D'ENTREDEUX en bois de placage, garni de bronzes, dessus marbre, ouvrant à une porte.

55 — CHIFFONNIER en marqueterie Louis XVI.

56 — PETITE TABLE formant petite coiffeuse, de forme contournée, en marqueterie de bois de couleur, médaillon à singes dansant, fond quadrillé de fleurs, garni de bronzes. Style Louis XV.

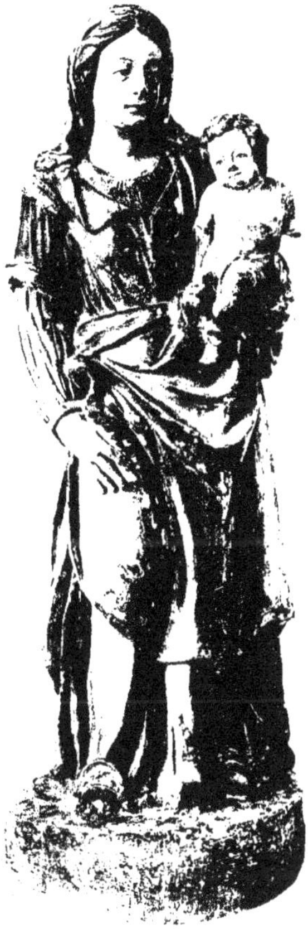

31

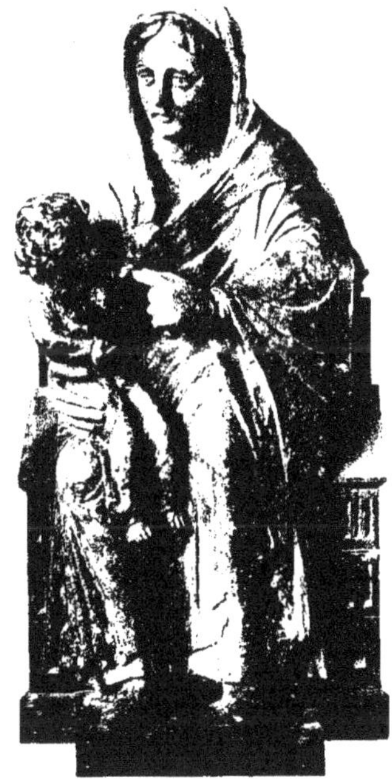

32

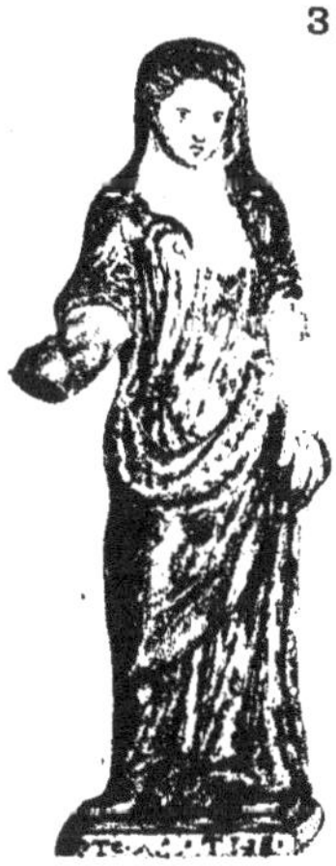

25

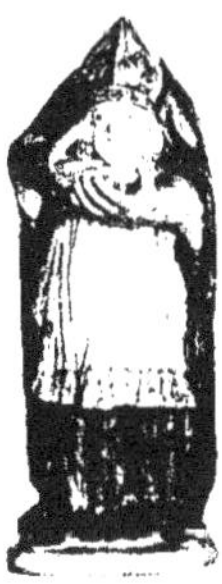

26

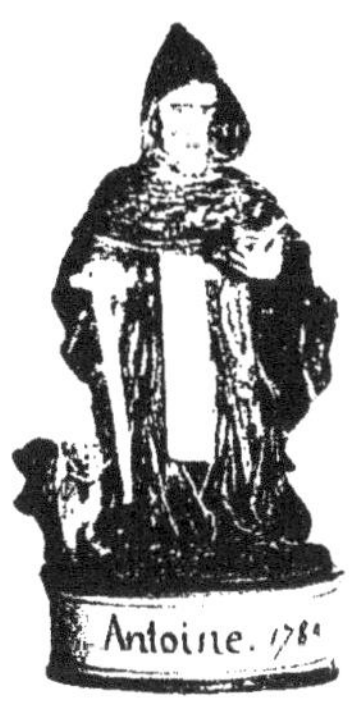

27

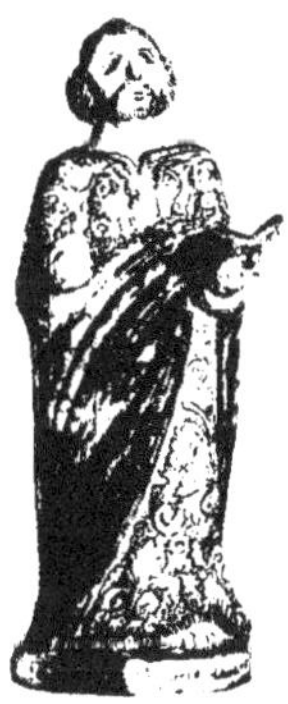

28

57 — Petite table, de forme contournée, en marqueterie, ouvrant à petits tiroirs et tablette, garniture de bronzes. Style Louis XV.

58 — Table-liseuse, de forme contournée, en marqueterie de bois. Époque Louis XV.

59 — Deux encoignures en bois de placage. Dessus marbre.

60 — Table-coiffeuse en acajou, garnie de cuivre.

61 — Table-coiffeuse en bois de placage.

62 — Meuble d'entredeux, formant vitrine, à trois portes, en bois de placage, garni de bronzes. Dessus de marbre. Style Louis XV.

63 — Petite vitrine à hauteur d'appui, en marqueterie de bois de placage et à filets, garnie de bronzes. Style Louis XVI.

64 — Vitrine de forme contournée, en bois de violette, décorée à la partie inférieure de trois panneaux en vernis Martin à personnages; garniture de bronze. Style Louis XV.

65 — Vitrine ronde, sur support à quatre pieds et entre-jambes, bois sculpté doré. Style Louis XVI.

66 — Petite table vide-poche en galuchat, garnie de bronzes, avec gouache sur le couvercle.

67 — Table a jeux rectangulaire, en bois de placage, à pieds en gaine, ornée de bronzes. Style Louis XVI. *Maison Jansen.*

68 — Paravent à cinq feuilles, en bois sculpté doré garni de soie et de cinq gravures genre XVIIIe siècle. Style Louis XVI.

69 — Lit de milieu en palissandre et marqueterie, garni de bronzes, style Louis XV, et deux tables de nuit.

70 — Armoire a glace en palissandre garni de bronzes, à deux portes. Même style. *Maison Jansen.*

71 — Armoire à deux portes, en palissandre garni de bronzes. Même style. *Maison Jansen.*

72 — Petit bureau forme rognon, en marqueterie de bois debout, à fleurs, ouvrant à tiroirs à la ceinture et muni d'une étagère à tiroirs. Style Louis XV. *Maison Jansen.*

73 — Table-bureau en palissandre garni de bronzes. Style Louis XV. *Maison Jansen.*

74 — Petit bureau de dame en bois de rose, étagères ouvrant à portes faites de dossiers de livres. Style Louis XVI.

75 — Petite table-guéridon à deux étagères, en marqueterie de bois de couleur à losanges; galerie ajourée en cuivre. Dessus de marbre. Style Louis XVI.

76 — Psyché Empire, en acajou, garni de bronzes.

77 — Console Empire, en acajou, dessus marbre blanc.

78 — Horloge, gaine en bois mouluré, cadran en cuivre. xviiie siècle. *Lesage-Vaubadon.*

79 — Armoire normande à deux portes, en chêne sculpté. xviiie siècle.

80 — Piano demi-queue, palissandre, d'*Érard,* 77846.

81 — Grande toilette, bois laqué blanc et onyx, avec glace et encadrement. Style Louis XV.

82 — Meubles divers.

SIÈGES

83 — Deux fauteuils et deux petits canapés-marquises en bois sculpté doré, recouverts en tapisserie d'Aubusson à sujets trophées de chasse, d'après Desportes et Oudry. Style Louis XV. *Maison Jansen.*

84 — Petit canapé canné, forme corbeille, en bois sculpté doré. Style Louis XV.

85 — Bergère-marquise à oreilles, en bois sculpté peint gris, style Louis XVI, garnie de soie à rayures. *Maison Jansen.*

86 — Petite banquette à accotoirs renversés, en bois sculpté doré. Style Louis XVI. *Maison Jansen.*

87 — Tabouret en X en bois sculpté doré, couvert de soie brochée.

88 — Fauteuil en bois, garni d'ancienne tapisserie au point, coussin mobile au siège.

89 — Fauteuil en bois tourné, garni d'ancien point de Hongrie.

90 — Petit fauteuil d'enfant, bois doré.

91 — Fauteuil de bureau canné, en bois sculpté doré. Style Louis XVI.

92 — Chaise longue en trois parties, bois sculpté laqué blanc. Style Louis XV.

93 — Sous ce numéro : sièges divers.

LUSTRES

APPAREILS D'ÉCLAIRAGE

94 — Lustre en bronze patiné (art moderne), de Jacques Froment-Meurice. Verres de Gallé. Disposé pour la lumière électrique. Dix lumières.

95 — Deux appliques bronze (art moderne), de J. Froment-Meurice. Verres de Gallé.

96 — Bout de table en bronze doré.

97 — Deux candélabres en verre de Venise.

98 — Plafonnier électrique (bronze et cristaux).

99 — Lustre et deux appliques en bronze. Style Louis XVI (flèches).

100 — Paire de grands candélabres en cuivre à huit lumières. Style Louis XIII. Disposés pour la lumière électrique.

101 — Appareils divers.

TAPIS ET RIDEAUX

102 — Sous ce numéro, grands rideaux, décor de lit, dessus de lit, stores et brise-bise.

103 — Un lot de coussins.

104 — Grande carpette.

Long., 5 m. 20; larg., 3 m. 95.

105 — Grande carpette.

Long., 5 m. 25; larg., 3 m. 70.

106 — Peau d'ours.

107 — Objets omis au catalogue.

www.ingramcontent.com/pod-product-compliance
Ingram Content Group UK Ltd.
Pitfield, Milton Keynes, MK11 3LW, UK
UKHW021118290826
14628UKWH00014B/2664

9 782329 527734